De gota a gota

La Pereza Ediciones

DE GOTA A GOTA

DE GOTA A GOTA

Víctor M. Jordán-Orozco

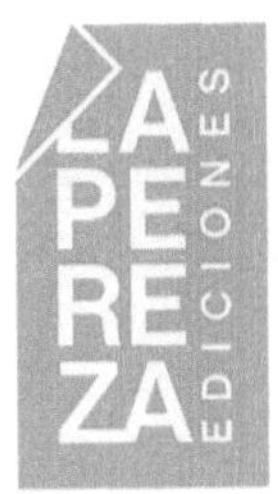

A mi padre

q.e.p.d

hace tiempos

"lo extraño es que no sólo llueve afuera
otra lluvia enigmática y sin agua
nos toma de sorpresa, y de sorpresa
llueve en el corazón, llueve en el alma".

"Lluvia" – Mario Benedetti

Índice

Prólogo

Imagina a un hombre solitario en una pequeña cabaña en una noche lluviosa colocando contenedores de modo estratégico para atrapar las gotas de lluvia que permean el techo. No importa cuán fuerte o ligera sea la lluvia, no importa cuántas ollas, tazas de café, floreros o tazones de cereales encuentre y ubique, el agua sigue filtrándose sin tregua. Cuando el hombre deja de buscar vasijas y comienza a acomodar toallas, trapos y papel para absorber la humedad, te das cuenta de que este acto de terca e instintiva determinación podría continuar durante un tiempo, tal vez por horas, quizás durante toda la noche, a lo mejor por días. Admiras al hombre y sientes lástima por él. Desearías poder materializarte en su casa y echarle una mano o poder chasquear los dedos para detener la lluvia. Pero no puedes. Mientras observas al hombre luchar, notas el tictac del reloj de la cocina que se retrasa y luego rápidamente se sincroniza con la lluvia que cae sobre tu visión. Sientes una gota de líquido frío que se desploma sobre tu cabeza y miras hacia arriba antes de sacudir el torrente de sudor que corre por tus sienes.

Esta imagen resume la experiencia compartida de leer "De gota a gota" de Víctor M. Jordán-Orozco. A medida que las palabras, los capítulos y los versos se precipitan sobre sí mismos, el poemario entero nos recuerda que todo cae, pero no todo ha caído y nada cae igual. No solo es el intento del hombre de suprimir o vencer la verdad envolvente de la existencia tan inútil como la tarea de un perro que persigue su propia cola, sino que este propósito también se repite en un número infinitesimal de figuras y formas al compás de un trasfondo que va midiendo el ritmo del tiempo.

En cuatro capítulos, el arte de Jordán-Orozco reconoce las condiciones ineludibles y moldeadas de nuestras mentes, nuestras historias personales, nuestros entornos e inventos sociales, y nuestra mortalidad. Delineando cada capítulo como conglomerados de variadas gotas que abaten, el poeta reconcilia los ecos de las persistentes preguntas y sucesos humanos. Además, al nombrar sus lágrimas, ensalza el acto de llorar. Como la lluvia que se evapora en nubes antes de ser liberada nuevamente, cada parte de nosotros participa en este acto de asombroso reciclaje.

El poemario comienza presentando la herencia ancestral experimentada en el ritmo de las memorias que caen sobre el poeta y desde su voz hacia el lector a través de la re-imaginación de diferentes relaciones personales y de la autoconciencia. "Gotas personales" se desarrolla mientras los remanentes de lugares pasados y las personas se entrelazan a ellos en un crónico conflicto interno. Desilusionado, el poeta afirma "he buscado un vocablo" ("Desilusión"), antes de admitir que se repite, "tantas veces me he versado" ("Yo"), pero nunca de la misma manera. Al igual que las nubes que se llenan de agua, los poemas de este capítulo regeneran la neurosis en diferentes etapas, y el poeta llega incluso a afirmar que "el ocio, lo mío", es su "talento" duradero ("Talento").

En la segunda parte, las gotas personales se transforman en poemas que caen en nombre de todos nosotros, una experiencia universal, natural y compartida. Aquí, la estructura del escrito encarna progresivamente lágrimas fragmentadas, derramándose y deshaciéndose, a la vez que representan una especie de inconsciente colectivo. Las palabras, como gotas, se comienzan a deshacer, convirtiéndose en ceros y unos en "Estadística". Eventualmente, estas mismas gotas se evaporan en los poemas "Relatividad" y "Excarcelado" hasta que todo lo que ha muerto, todas las gotas que se han evaporado se reciclan y comienzan su metamorfosis en el poema "Emigrar". Los tres poemas que terminan el capítulo invocan el movimiento, el cambio difícil, el potencial de asimilación seguido de la permanencia de la luna, siempre viva, siempre allí, y luego "El fin del mundo" que, a pesar de ser el final, es recapitulado por el narrador, insinuando por lo tanto una continuación de este ciclo más allá de la limitada permanencia humana.

"Gotas familiares" da paso a "Gotas ácidas" en las que el tema de la destrucción provocada por el hombre se transmite a través de la tecnología, las doctrinas, las matemáticas, la religión, el consumismo, el espacio, la avaricia, el juego y el materialismo. El capítulo termina maravillosamente con el poema "Gota a gota", que personifica el ciclo repetitivo de destrucción de la humanidad que impregna la tierra. Volvemos a la imagen de la lágrima, la gota de lluvia que cae, permitiendo la vida, pero también impregnando una destrucción sin un final visible.

En el capítulo final, Jordán nos recuerda una vez más que cada parte de la vida es una gota, que cae, termina y se recicla; tanto es así, que incluso la vida del poeta, un maestro, inevitablemente se está yendo también ... "yo ya estoy de salida"("Manos a la obra"). De hecho, el final está precedido por un crescendo de preguntas urgentes: ¿Debemos aceptar las efemérides ("Efemérides") que se nos imponen? ¿Podemos aceptar las diferencias entre "Tú y yo"? ¿Podemos aceptar nuestras ilusiones y tener una "Vida simple"? ¿Podemos aceptar que no estamos solos en el universo? Quizás no haya respuestas a ninguna de estas preguntas, pero el hecho sigue siendo, como confirma Jordán, que nosotros, nuestras acciones e ideas, estamos cayendo en lágrimas cíclicamente. Pasamos de un sueño a otro, de un extremo a otro, de una guerra a otra y "¿para qué?" Jordán invita al lector a preguntarse: "¿Para qué y qué?"

A pesar de nuestros deseos humanos por categorizar las partes existentes, es al participar en este intento repetitivo, en este ritual de la vida, que el poemario arroja luz sobre el inevitable paso que nos mata y al mismo tiempo nos mantiene vivos. Después de todo, todos somos simplemente humanos con limitaciones, así como el poeta es simplemente un hombre con un momento finito en el tiempo... "Maestro 1975-2025" ("Museo").

Verónica Jordán-Sardi
CUNY – Staten Island, N.Y.

1

Gotas personales
(con una pizca de ficción)

Jamás te vi llorar
y nunca lloré frente a ti,
hasta aquel día
en que frío yacías,
rodeado de cedro,
vestido de macho (eso creías):
de traje, corbata y zapatos lustrosos.

Creíste enseñarme a ser como tú.

No permitiste
que la sal raspara la mejilla,
que el dolor emanara
y convirtiera la opresión
en gemidos y sollozos,
ni que la amargura endulzara el desahogo.

Jamás te vi llorar,
y te fuiste satisfecho
porque nunca llorar me viste.

Partiste convencido de que era hombre
cuando en verdad sólo ahora,
frente a tu bunker, tu recuerdo,
dejo que la lluvia me humedezca
y lloro, gota a gota mi memoria.

P   Esquiva furtiva.
      ¿Con quién acompañarte?
∀   ¿Dónde colocarte?
      ¿Cómo complementarte?
L   ¿Deseas cuestionar o aseverar,
∀   nombrar, señalar o accionar,
      o acaso simplemente adornar?
B   ¿Cómo capturarte
R   y hacerte mía:
      palpable, precisa, pertinente
∀   e ineluctable?

      Y si finalmente,
      afortunado,
      logro escribirte
      ¿Cómo asegurarte que no te plagio?

Los ancestrales
de mis abuelos
y mis padres.

Los plácidamente profundos
de mi eterna compañera.

Los venturosos y reconfortantes
de mis hijas.

Los frágiles esperanzadores
de los nietos.

Y
los ocasionales de amigas y amigos
y
los de las madrugadas húmedas
atiborradas de los cantos
de los insectos.

Abrazos todos,
uno a uno,
que son humus
para nuevos brotes.

INCAUTO

Algunas veces
creí en la ciencia y
la razón.

Aquello fue después
de otras (tantas) veces
en las que no me fue posible
creer en Dios.

Hubo veces
cuando creí en el azar y
sinnúmero en las que profesé pasión
y juré amar.

Ahora
(a veces)
ni la añoranza ni la nostalgia
vienen al rescate y sé que pronto
se desmoronará la memoria.

Mi nieto
aún recuerda a Kona,
una perra tres veces más grande que él.

La recuerda, pero no sabe de su muerte,
de su ida sin retorno, meses atrás.

Él aún no sabe qué es la memoria
ni el recuerdo, ni la muerte,
pero aún menciona
(en su quebrado balbuceo)
a su ocasional compañera de juego.

Es como si ella estuviera aún allí,
afuera, en el patio,
al otro lado del vidrio.

Y aún espera que ella regrese
y entre a casa.

INOCENTE

AÚN

Víctor M. Jordán-Orozco

J
U
R
A
R

 ¡Lo juro!
 Juro que me levanto a diario
 y me digo, reiterándome,
 que hoy sí, hoy sí, voy a hacer
 como los tres monos sabios
 (los de las estatuillas aquellas).

EN

 Pero con el paso del día,
 inexorable ponzoñoso,
 comienzo por ver,
 me da por hablar
 y termino por oír.

V

 Inevitable sentir.

A
N
O

 Y al final,
 al final final del día,
 justo antes de que caiga la noche,
 la incredulidad se eterniza.

He buscado un vocablo,
un verbo,
un verbo que signifique sentir,
sentir por medio de la piel,
la piel toda,
piel que no exude,
pero insude,
que insude sin afanes,
con tono,
con ritmo,
con ritmo de un añejo
bolero borincano,
que absorba,
absorba el entorno y
lo integre insolente,
que insolente integre el derredor completo,
completo en sus colores,
olores y sabores, sonidos y caricias.
He buscado.

DESILUSIÓN

FÓRMULA

Sobre la pantalla,
uno de tantos
artículos de prensa
que brotan como hongos mañaneros,
sobre el húmedo césped.

"Cómo vivir para asegurarse
que se va a ser feliz mientras se envejece."

Los nuevos mandamientos:
ejercitar, reír, dormir, abrazar, compartir,
amar, meditar, agradecer, olvidar, perdonar y
tener una mascota.

En clave *Carpe diem*.

Solo resta envejecer.

Y

O

A veces,
cuando me releo
me percato
de que me he repetido.

Lo que verso ahora
antes ya lo versé.

¡Tantas veces me he versado!

Pero,

por razones que desconozco
repetirme
nunca es igual.

C
R
U
C
E

Mi padre me lleva de la mano
al cruzar los cuatro carriles
de la Avenida de Las Américas.

Después la cruzo solo
esquivando pitos y exostos.

Luego llega el semáforo, pero a veces los autos no
se detienen.

Esta mañana cruzo Grand Boulevard.

Hay luces que titilan anunciando el paso del
peatón, un hombrecito blanco indica que puedo
caminar, rayas blancas sobre el pavimento señalan
el sendero a seguir, cámaras, como aves de rapiña,
se aferran a los cables que tensionan el semáforo.
Quizás un policía, agazapado, espíe.

No cruzo por la esquina
quebrantando la ley.
Jayywalking lo llaman,
joy walking me digo.

Y sesgo una nueva diagonal
por la vía de cuatro carriles,
como en aquella época,
cuando era libre.

Madrugué
y caminé en diagonales:
pisoteé el césped al cruzar el parque
y atravesé el asfalto cortando la esquina.

No evadí aquella puerta,
ni cierta tapia
que bloqueaba el camino,
ignoré avisos, advertencias,
miedos y sentencias.

Esta mañana
caminé en diagonales:
me escabullí entre muros
me escurrí por túneles,
sorteé rejas y salvé puentes.

¡Son unos cuántos los minutos
que he ahorrado!
porque esta mañana madrugué
y arribé temprano a mi destino,
después de transitar en diagonales.

ALCANCÍA

PARA
EL

TIEMPO

B   Harto hurgo.

Ú   Espejuelos apenas si aferrados a la nariz.

S

Q   Lupa en mano,
       a lo Leeuwenhoek.

U   Hurgo

E   esperanzado en posible hallazgo
       de algún líder honesto,

D   hábil y hacendoso,
       como para la historia,

A   o para una historia.

F   Y no lo hallo.

Ú   ¡Híjole!

T

I

L

Asociación primera:
Alborada,
pensar, memoria,
recuerdos, remembranzas, melancolía,
añoranzas, esperanzas, futuro, porvenir,
incertidumbre, desazón.

Asociación segunda:
Alborada
memoria, recuerdos,
pensar, incertidumbre, desazón,
melancolía, remembranzas, añoranzas,
esperanzas, futuro, porvenir.

Asociación tercera:
Alborada…

F
R
E
U
D

DE

M
Ɐ
D
R
U
G
Ɐ
D
Ɐ

Víctor M. Jordán-Orozco

D   A veces me despierto
      pensando en la muerte.
E

S   Me despierto y viene el pensamiento,
      no me despierta el pensamiento,
P   eso sería una pesadilla
      y pocas veces nunca las padezco.
I

E   En otros a veces
      me despierto,
R   y estas son las muchas más de las veces,
      pensando la vida.
T

O   Sí, es la vida la que me despierta
      y por alguna razón,
      razón que desconozco,
      esto no es una pesadilla.

      Aunque a veces,
      tan solo en algunos de esos a veces,
      la vida despierta,
      despierta pensando la muerte.

      Pero pocas veces nunca las padezco
      (las pesadillas digo)
      ni dormido, ni despierto.

El mío,
el ocio.

La capacidad de hacer nada,
bien.

Apreciar el letargo
sintiendo el girar del planeta,
viendo cómo una lóbrega tormenta
llora sobre la mar
mientras se retira
impulsada por el viento,
que abanica las hojas
de las palmeras
de donde se balancea
taciturno
mi chinchorro.

Apreciar el letargo,
la capacidad de hacer nada,
bien.

El ocio
lo mío.

T
∀
L
E
N
T
O

2

Gotas familiares
(con algo de llanto)

Ellos fueron al río por agua.

Nos quedamos viendo beligerancias animadas y un
coyote que nunca muere.

Ellos fueron al bosque por leña.

Nos quedamos frente al monitor luchando en
contra de hidras y quimeras pixeladas.

Ellos fueron al establo a obtener la leche.

Nos quedamos en el sofá masticando papitas a la
francesa y falsos *doritos* mexicanos.

Ellos encendieron la vela y la lámpara de petróleo
y atizaron el fogón e hicieron del cacao chocolate,
de la leche mantequilla, de la caña guarapo y del
maíz arepa.

Nosotros
nos quedamos hundiendo botones de apócrifos
aparatos lanzallamas en guerras pasadas de estos
mundos y batallas futuras en otros.

E
S
T
A
D
Í
S
T
I
C
A

Ya no somos los de antes:
pasiones
y sueños.

Ahora somos
meros porcentajes:
unas barras en un gráfico,
unos fragmentos de torta
unas líneas
o unos anillos.

Unas desnudas
dispersiones.

Ceros y unos.

Sientes el reventar de un tendón
y pierdes el balance,
y te invade la congoja
pero no eres tú la que cae.

Y te preguntas por qué, por qué ella,
si tú ibas antes, esperando (inconforme sí)
pero esperando, aguardando el turno,
en la inexorable fila de los vivos.

"Por razones triviales y arbitrarias razones
por mera ciencia y pura lógica
me correspondía a mí pasar al frente."

Pero un día cualquiera
(¡ah, el azar!)
una célula enloqueció y multiplicándose
terminó por asfixiarla a ella
tu amiga de décadas.

Y tú sigues, aquí,
aguardando tu turno,
preguntándote
¿Por qué?

E
S
P
E
R
∀
N
D
O

EN
L∀

F
I
L
∀

D
E
S
P
L
A
Z
A
D
A

Te escondiste espantada
al arribo de hombres camuflados
de brazalete azul o gorras rojas.

(Lo mismo daba)

Huiste
al presentir los fusiles tricolores
las falsas promesas y
las íntimas trasgresiones.

En la ciudad fuiste ninguna en una esquina.

En el exilio, camaleona.

Ahí te implantas mujer y nadie,
pero nadie nadie,
va a venir a manosear tu manto
sin tu anuencia.

Pervive en la jungla una planta
que florece cada cierto año,
encontré un ejemplar meses atrás,
la desenterré y la sembré
en una maceta, en el lugar más cómodo de mi
hogar: buen aire, buena luz y
yo la proveo de agua y abono.

Al poco tiempo las hojas entristecen
y el verde ennegrece.

"Mira la planta"
"Sí, extraña"
"Se le caen las hojas"
"Ya se recuperará"
"Se desangra la flor"
"Dale tiempo"

Pervive en la jungla una planta
que florece cada cierto año,
encontré un ejemplar meses atrás
la desenterré y la sembré
en una maceta en el lugar más apropiado de mi
hogar: buen aire, buena luz.

Yo la proveí de agua y abono.

Murió.

D
E
S
T
I
E
R
R
O

R
E
L
A
T
I
V
I
D
A
D

El no saber,
la ignorancia,
es lo que da vida.

Desconocer cuántos años faltan,
si el mundo terminará mañana
en siete días
o al día siguiente.

No entender el origen y apenas intuir el final,
incierto, que puede (o no) ser un renacido
comienzo.

Si alguna pitonisa me dijera que voy a morir a los
78 (por escoger una fecha al azar) comenzaría a
hacer cuentas.

Si me dijera que voy a morir a la edad de mi
madre, estaría a la espera.

Y si mi dijera que voy a morir a la edad de mi
padre ya habría muerto.

Es como regresar de la estación
que orbita el planeta
después del derrumbe de un muro
que separaba al mundo.
Es como despertar de un coma.
Es como el explorador que llega
por vez primera a su destino.

Los de afuera murieron.

Tu familia quedó adentro
y no comprendes ahora
en qué mundo te encuentras.

Veinte años tras barrotes,
otra medida de tiempo,
del tiempo,
tu tiempo.

E
X
C
∀
R
C
E
L
∀
D
O

EL (Basado en una historia real)

El abuelo tuvo cuatro hijos, todos hombres:
H uno nunca tuvo cabeza para terminar la escuela
primaria, otro debió ser recluido
O en el mismo sanatorio donde, años antes, había
internado a su esposa y uno más, mi padre,
M pereció en un accidente de tránsito. El cuarto
B sucumbió al cáncer cuando mi abuelo tenía 81
años.
R

E A los 83 años el abuelo se volvió a casar, con
quien alguna vez había sido y continuaría siendo
el amor de su vida.

DEL Este año, El abuelo falleció en su sueño, a sus 98.

Su segunda esposa y yo, su única nieta, fuimos
S sus solitarias plañideras.

I

G

L

O

Tomada la decisión
lo fácil es partir.

Lo difícil es
comenzar de nuevo
y adaptarse al ritmo
del extraño lánguido transcurrir
durante el que mudamos las escamas.

Pero lo jodido
de verdad jodido
es flotar
y dejarnos asimilar.

E
M
I
G
R
Ɐ
R

L

U

N

∀

Nacemos con ausencias,
otras nos llegan, impertérritos,
o *nos las buscamos,* incautos:
desquicios de enamorados errantes.

A ti, sin embargo,
siempre te espera, fiel,
la Luna.

Deambulabas cabizbajo:
mini antenas blancas
sobresaliendo de tus oídos
(orejas alienígenas)
cables circundaban tu cuello
(boa constrictora)
rodabas sobre una tabla
de rodachines silenciosos,
tu piel tallada,
tu cuerpo comprimido
absorto con la lejanía,
emisora de mensajes e imágenes.

Luz blanca, luz roja,
nadie mira a nadie
(tú tampoco)
el aire se calienta,
callan las aves,
el firmamento se hace negro
y crujen los árboles.

Era el fin del mundo,
fue el fin del mundo
y nadie se percató.

Yo lo vi, yo estuve ahí
tú hablabas en lenguas extrañas.

Juro que lo viví.

3

Gotas ácidas
(con algo de amargor)

Ayer,
mutables,
transeúntes figuras vaporosas
de azúcar y algodón.

Hoy,
de ellas llueven bytes,
megas,
gigas de ellos,
punzantes gotas
que mañana
asfixiarán el pensamiento
mientras el sol imperturbable
se agiganta.

N
U
B
E
S

F R A C C I O N A M I E N T O

Dos doctrinas,
cuatro seguidores,
ocho ideas,
diez y seis opiniones,
y las fracciones.

Treinta y dos aduladores,
sesenta y cuatro sentires,
ciento veinte y ocho idólatras,
doscientos cincuenta y seis reacciones
y las fracciones.

Diminutos gránulos minúsculos
de execrables arenillas:
tallas que van diseminándose
y ahogan los intersticios.

Mini,
micro,
bite,
nano,
tuit,
mini, micro, nano, bite, tuit.

Eso somos
ínfimas partículas
en el súper mega cosmos
en el que seguimos regodeándonos
de nuestra narcisista, esquizofrénica grandeza.

Mini, micro, nano, bite, tuit,
mini,
micro,
bite,
nano,
tuit.

P
O
L
V
O

E
R
E
S

Y

EN

.

.

.

Víctor M. Jordán-Orozco

<table>
<tr><td>

F
E
L
I
C
I
D
A
D

V
I
R
T
U
A
L

</td><td>

Hay al menos un lugar
en la Internet,
adonde puedes navegar
para quitar el cerrojo
que bloquea el camino
hacia el bien – estar.

El inicio es gratis.

Después tienes que pagar y
continuar pagando
pagando y pagando.

Pagando
a crédito y
con intereses.

</td></tr>
</table>

Tan preciso
avanzas,
tiempo,
que hasta el planeta se atrasa,
segundo tras segundo,
y debemos coordinarnos,
tiempo,
ya no lanzando las campanas al vuelo
pero ajustando cronómetros nucleares.

Fuiste
el tilín, tilán
de antaño
el tic tac
de los tiempos de mi padre.

Ahora eres
silencio.

T
I
E
M
P
O

<table>
<tr><td>

S
O
L
U
C
I
Ó
N

F
I
N
∀
L

</td><td>

Estamos aquí,
al borde del abismo,
por el *laissez faire*.

Esgrimamos entonces
argumentan
(¡vaya ironía!),
tanto proponentes
como opositores,
el mismo dejar hacer.

Es la solución final
casi que la garantía
para que, en definitiva,
dejemos de ser.

</td></tr>
</table>

Dios,
la tierra,
el sol
y el hombre intercalado.

El chamanismo, la religión, la ciencia
y el hombre entreverado.

El hombre-centro,
el supremo súper héroe,
superior al hombre araña
o al hombre hormiga,
otro debut,
uno más,
en un verano cualquiera,
sin pena ni gloria.

E
G
O
C
É
N
T
R
I
S
M
O

Víctor M. Jordán-Orozco

Sobrenadan en tus oceánicas aguas
crímenes que no se descomponen,
arrastrados hacia tus entrañas
por torrentes y torturas
por ambiciones y cegueras.

Mueren en tu seno
millares de tus hijos,
mutilados por las redes
ahogados en polímeros.

¿Será nada suficiente
para calmar el hambre de aquellos terrenales
bípedos terrenales
que carecen de agallas?

Quizás ya has perdido la calma:
tu ira quema grado a grado
y tu llanto
que crece centímetro a centímetro
pronto anegará las metrópolis.

No eres aire
ni vuelo,
ni siquiera superficie.

Eres profundidad:
respiras sumergida en lo escueto.

Desciendes sin ropajes,
sin oxígeno, sin tanques, sin mediciones.

Buceas a pulmón libre, desnuda,
dejando que tu hemoglobina
le robe al aire su oro: contrabando
de la planicie a lo hondo,
del que con egoísmo te desprendes.

Por minutos eres pez, en silencio,
bajo embarcaciones:
meras mimesis de las metrópolis.

BUCEADORA

D   Difícil en la vida es
      sonreír y
E   ¿Vos de qué te reis?

S
      Socorrer y
P   ¿Por qué no me das dinero?

R
      Esperanzar y
E   ¿Qué te traes?

C   Confrontar y
      ¡Jamás fue así!
I

O   Pero lo más difícil de vivir
      es besar
      y el frío.

La brillante bola blanca brincó
por última vez y
quedó atrapada
por las mínimas paredes,
que la encajonaron roja,
en la celda marcada
con el intrascendente 23.

Había apostado
todas sus posesiones,
a recuperarlo todo,
a revertir la suerte,
a la realización de sueños,
a la posibilidad del éxito,
al negro.

"¡Qué frívolo lo material!"
se consoló.

RACIONALIZACIÓN

Víctor M. Jordán-Orozco

<table>
<tr><td>P</td><td rowspan="4">Libre al cumplir los diez y ocho
fuiste emprendedora
autosuficiente.</td></tr>
<tr><td>O</td></tr>
<tr><td>R</td></tr>
<tr><td>N</td></tr>
</table>

P

O   Libre al cumplir los diez y ocho
           fuiste emprendedora
R   autosuficiente.

R   Te penetró la repetida violencia
N   de mecánicos actos.

O   Y llegaron el vómito y la expulsión.

           Seis meses después eras mercancía usada,
           desechable.

En el baile de hoy,
con caretas, resguardan sus rostros
las multinacionales.

En el teatro de hoy,
tras maquillajes, transfiguran su cara
las corporaciones.

Y hablamos del gobierno
como si este no fuese
por individuos conformado.

Y hablamos de la neo-liberalización
como si esta no fuese
por personas impulsada.

El planeta
parece tener voluntad propia
y nos lavamos las manos
mirándolas, ocultos,
detrás de nuestros embozos.

Algunos todavía mantienen
que Oz,
tras sus cortinas
nos dio la potestad de reinar
a nuestras anchas.

E
M
B
O
Z
O
S

G
O

Inexorable
el émbolo gotea.

T

Líquido que desplaza aire.

∀

Donde antes habitaba el ánimo
vacío.

∀

Donde antes existía el espíritu
lluvia.

G
O
T
∀

En el norte se impone lo vacuo
y al sur lo ahoga el goteo
de la seca memoria de una perenne
y tormentosa violación.

4

Gotas finales
(con visos de esperanza)

El final,
sin atenuantes.

La partida.

El desengaño,
el "polvo eres y en …"

La desaparición de la esperanza
y la negación del tiempo y el espacio.

¡Qué ímpetu! ¡Qué carácter!
¡Qué contundencia,
la de este imperturbable
monosílabo!

F
I
N

Me aburrí de tus
"¿Qué es lo que espera profesor?"
y
"¿De cuántas palabras el ensayo profesor?"

Pues espero que pensés
y utilizá las palabras que necesités,
porque las que nosotros propusimos
tienen a este mundo vuelto mierda
y con vocablos de sobra.

Así que no me preguntés más
qué es lo que deseo o espero,
y
¡manos a la obra!

que yo ya estoy de salida.

Propongo un nuevo día conmemorativo.
Sí, uno más,
sumado a los cientos existentes.

A los ya triviales: festejos de familias.
A los que honran la naturaleza, la religión, la
patria, las hazañas y el trabajo.
A los que incitan a la lucha contra la injusticia, la
enfermedad y la desigualdad.
A los que afirman la diferencia, la libertad, los
derechos y la solidaridad.
Un día (uno solo) no comercial, privado, único,
etéreo en el tiempo.

El día del apoyo u oposición
al nombre.

Un rebautizo, ni civil ni religioso.

Un día en que en ceremonia simple aceptamos o
rechazamos de una vez por todas, sin atenuante
alguno, el nombre.

Ese que nos fue impuesto.

S
T
R
A
D
I
V
A
R
I
U
S

Después de permanecer empalizado por años,
entre las paredes del sótano de una casa antigua,
has vuelto a respirar.

Por esas cosas del destino el nuevo dueño te ha
desenterrado, resguardado aún por un estuche de
un negro desteñido
por el tiempo y enmohecido
por la oscuridad.

Al abrirlo su sorpresa ha sido indescriptible.

Quizás pensó no encontrar nada, pero al verte, tus
vetas aun relucientes, sus ojos se han iluminado.

Ha tocado ligeramente una de tus cuerdas, y has
emitido una nota discorde.

No sabe que ha tropezado con un tesoro.

A veces tú y yo
complementos.

A veces tú y yo
p aralelos.

A veces tú y yo
congruentes.

A veces tú y yo
secantes.

A veces tú esfera y yo cuadrado,
a veces tú rectángulo y yo ovalado.

Hay veces, las veces de las veces,
tú arista
yo ángulo,
yo superficie
tú plana.

Hay veces. las menos de las veces,
tú recta y yo línea,
tú punto y yo intersección.

Siempre, siempre, vida,
poliedros ambos.

T
Ú

Y

Y
O

V I D ∀ S I M P L E

La vida es simple,
se divide en dos:
la que es y la que no es,
la que piensas que es
y la que sabes que no es,
la que quieres que sea
y la que puede ser,
la que en pesadillas sientes
y en tus sueños ves.

¿Ves lo simple que la vida es?

Tan solo te basta saber
que la vida se divide en dos:
en la que vives
y en la que crees.

Tú y yo no estamos solos,
todos nosotros todos
no estamos
solos.

"El planeta no está sólo."

Debo repetirlo
y debes repetirlo.

Repetirlo y repetirlo,
repetirlo para que conservemos
en algo
la esperanza.

S
O
L
E
D
Ɐ
D

Víctor M. Jordán-Orozco

I

H

A

V

E

A

D

R

E

A

M

¡Tengo un sueño!
Que un día, sí señores,
nos vamos a levantar
y vamos a regresar a nuestros hogares,
a nuestras tierras,
que reclaman a sus hijos
que claman por sus hijos.

¡Sí señores!
Y las vamos a hacer grandes,
más grandes que esta
que se creyó gigante
y la ahogaron la jactancia blanca
la gula y la avaricia ciega.

¡Sí señores!
más grandes que esta.

Donde un día tuve un sueño.

La pitonisa te profetizó
veinte años más de vida
cuando tú conjeturabas treinta.

"¿Segura?"

"Absolutamente"

¿Qué hacer después de este alevoso hurto?

Abrazar la incertidumbre de lo incuestionable,
lo inesperado de lo deseado
y lo oculto en lo conocido.

Y orbitar.

La reiteración del amanecer
de la mañana mediodía
la tarde ocaso
la noche madrugada
y la repetición de lo posible
y lo posible de la repetición
fortuita,
imprevista
y secreta
olvidando augurios.

∀
U
G
U
R
I
O

E   ¡Los últimos guerreros
      han muerto!
S

P   ¡Festejemos!

E   Sobrevivirán los insectos
      y con ellos
R   sus colores
Ɐ   sus canciones
      y sus vuelos
N   y revuelos.

Z

Ɐ

P

R

I

S

M

Ɐ

Que me despierte el amanecer
y no el fulgor del monitor.

Que me inunden las gotas de rocío
y no las ondas sonoras del celular.

Que sea el trinar de las aves
y no el de *twitter* el que me dé la bienvenida.

Que sea el barbero el que me cuente
que males aquejan al mundo
y no los *selfies*
ni los efímeros instantes gramos,
meras nebulosas huellas electrónicas,
que no alcanzan a almacenarse
en la memoria.

M El lugar atesora un collage histórico ecléctico de
U la expresión humana de siglos: vasijas, estatuas,
   libros, columnas y pliegos, vestidos, fotografías
S e impresos, joyas, muebles, alfombras, pinturas
   y lienzos. Infinidad de adornos, grabados y
E ornamentos.

O A cada elemento lo acompañan detalles sobre
   autores y fechas, datos acerca de los lugares
   donde alguna vez reposaron los objetos. Relatos
   de vicisitudes, periplos y despojos.

Destrucción y reconstrucción.

A nada lo rodea su contexto.

En el centro de todo, en un pedestal de mármol,
imagino la efigie de un recuerdo con un rótulo
que dice:

"Maestro, (1975 -2025)".

Ya no llueve.

Otros libros publicados por
La Pereza Ediciones

Miriam

En los páramos donde alguna
vez florecieron Babilonia,
Nínive y Nipur,
los arqueólogos han desenterrado tablillas de barro
cocidas por el sol de aquel
tiempo.
Inscripciones que los erudi-
tos han traducido
resultando en muchos
casos ser
juramentos
y cartas de amor...

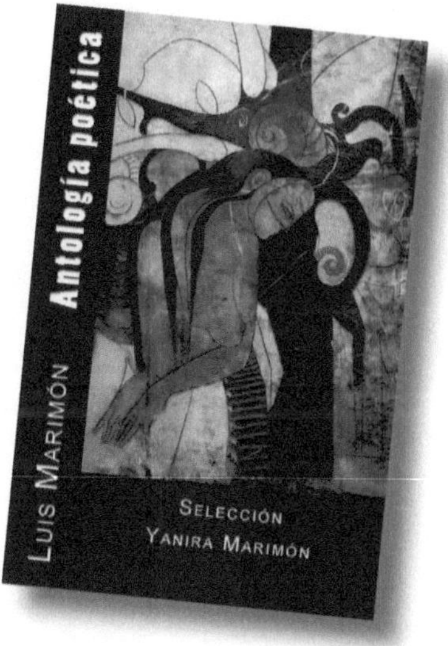

Yo quería decirte, Miriam,
que el nombre de esta ciudad, es sangriento,
que ninguna ha tenido un nombre más perverso.

Es posible, cuando hayan pasado cien
o hasta un número incontable de años,
de esto que hoy ves
no quede otra cosa que algunas estatuas,
escombros,
ratas que se adaptarán a la destrucción
y comerán arena.
Pero esta noche es bella y pasa mucha gente.
Déjalos continuar su camino.
Esos rostros nunca se volverán
a este animal extraño que corre y llama por sus nombres
a los desconocidos.
Tú también partirás
y no veré ya más
tus ojos de asustada bestezuela...

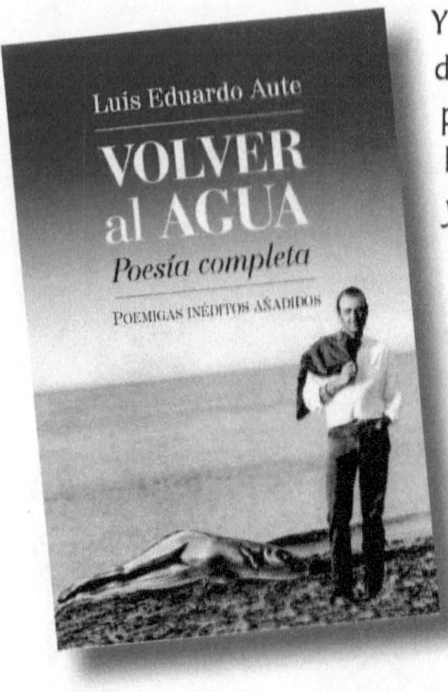

Y después
de los fuegos ahogados
por las matemáticas del espejo,
las liturgias del desorden
y otros templos
de mundos, demonios y carnes,
cuando ya el crepúsculo
es oro que baña los restos
heroicos
de naufragios por venir
y la noche del hielo se pre-
siente tan próxima,
me apresura la inaplazable
sed
de volver al agua, de volver
al agua...
al origen del mismo donde se fraguara
el hierro de la vida,
con la firme intención de revivir,
desde las húmedas pavesas de lo vivido,
tiernos incendios de olas
en tus sueños,
y en los míos,
feroces océanos de luz
entre humos de espumas olvidadas,
con el soplo apenas
de mi latido
más ávido de ti.

Pero antes,
tendré que quemar, con lágrimas,
todas las fotografías.

(....)
Seres esencialmente cósmicos:
No podemos excluir a la tierra
de la eternidad.
Esas luces allá arriba, la Jeru-
salén Celestial.
Si en matemáticas son infinitos
los números,
los pares y los impares
¿por qué no una belleza infi-
nita y un amor infinito?
Es una constante en la naturaleza
la belleza.
De ahí la poesía: el canto y
el encanto por todo cuanto existe.
La tierra podría haber sido igual
de funcional, de práctica,
sin la belleza. ¿Por qué pues?
Todo ser es suntuario. ¿Necesario acaso que dieras
tan lujosísimas joyas
a tan efímeros peces
saltando este atardecer en el plan del bote?
Ámame, y si soy nada,
seré una nada con tu belleza en ella refractada.
Al fin y al cabo de la nada nació todo, nada vacía llena toda ella
de urgencia de ser.
Amor ciertamente fuera de este mundo sublunar.
Con esta vocación de algunos de un amor sin cromosomas...
Tu belleza te permite ser tirano.

Mirando en la noche esos mundos lejanos,
lejanos también en el pasado.
Estrellas del pasado. (Y el tiempo
es distinto para cada una de ellas.)
Alfa de Orión 5.000 veces más brillante que el sol.

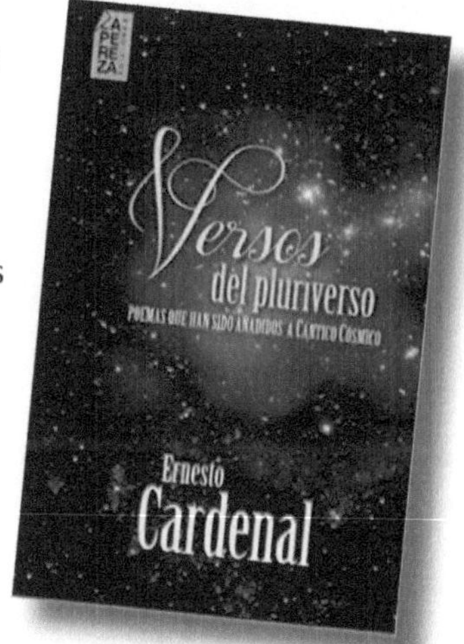

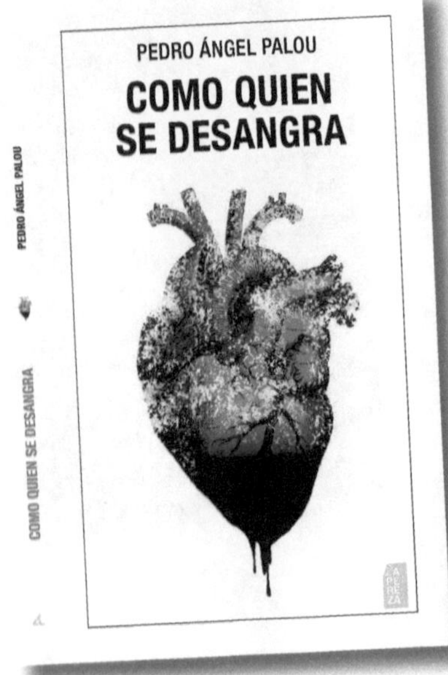

"El amor, si bien puede ser banal cuando se comparte más allá de la pareja, deja traslucir otras venas abiertas del alma humana. El novelista es eso: un juez de instrucción del alma humana. Yo he escrito un solo libro-en múltiples volúmenes-, el libro de la desilusión (religiosa, política, amorosa, vital).Este Como quien se desangra, que es también un homenaje a Ricardo Guiraldes, A Manuel Escroza y su Garombo el invisible, es mi novela más telúrica, la más latinoamericana, pero es también un canto desesperado sobre la traición de un amigo y la desilusión política. Creo que leerla en 2018 la revitaliza, por que sigue siendo actual, como si la hubiese escrito ayer un hombre que ha pasado del medio siglo y no el joven de veinte años que se atrevió a pensar, a sentir, e incluso a hablar en nicaragüense. Ojalá el lector la quiera tanto como yo".

"Parábola de la cizaña
es una novela corta
que se lee de final a
principio, si se gusta,
o de principio a final
empezando por la
última página (...)
Resumen bíblico
pero adaptado al
México de hoy,
con su respectiva apocalipsis, es un
muestrario de personajes a quienes el mal y la locura los tocan
transversalmente y cuya redención posible llega muy tarde o un
precio demasiado alto".

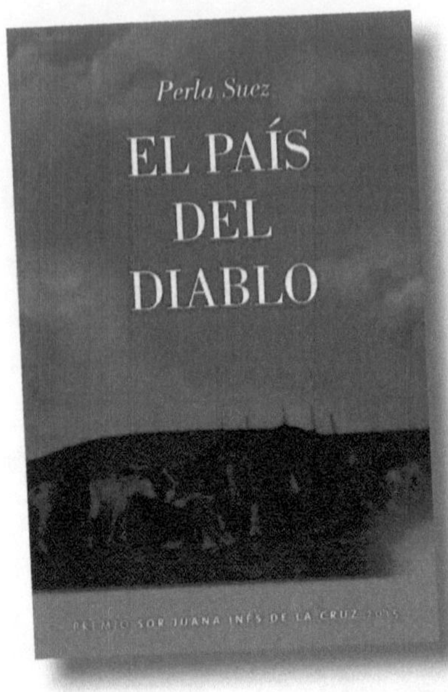

La Patagonia. Segunda mitad del siglo diecinueve. Lum, una niña, hija de padre blanco y de madre mapuche, se baña con ella en el río. Juegan, ríen. No lo saben, pero ya no volverán a repetir esa rutina. En ese paisaje desolado, el horror tiene una cita puntual. Un grupo perdido de soldados merodea por la zona y asalta una toldería, una de las últimas que estaba en pie. Mata, incendia, arrasa. Parece el fin de una historia, y sin embargo es el principio. No hay mal que no propicie su propia venganza. Novela excepcional, El país del diablo narra un viaje alucinante al corazón del desierto y el triunfo inevitable de la violencia. Con una prosa seca, con la capacidad de narrar sin caer en estereotipos ni maniqueísmos, Perla Suez reconstruye una odisea de rencor, arrebato y justicia. Su libro está poblado por personajes que viven entre el coraje y la locura, entregados a una obsesión y quizás consumidos por ella. El país del diablo recién se ha alzado con el Premio Sor Juana Inés de la Cruz 2015, importante galardón, otorgado por la Feria del Libro de Guadalajara.

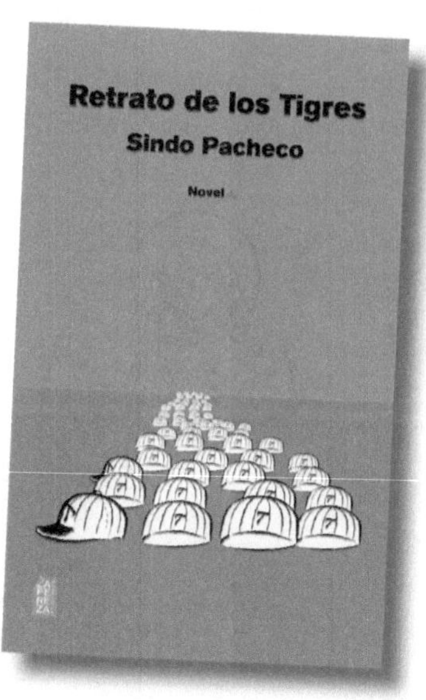

Desde Gustave Flaubert hasta Mario Vargas Llosa, no son pocos los grandes escritores que han incursionado a través de sus novelas en el Bildungsroman, género literario que muestra la transición desde la niñez hasta la vida adulta de uno o varios personajes. En Retrato de los Tigres, Sindo Pacheco, quien ha hecho de estas novelas, conocidas también novelas de aprendizaje, un sello muy propio que ha marcado su estilo narrativo, vuelve a asumir esta corriente literaria, adentrándonos en los avatares de Los Tigres, un equipo de béisbol integrado por niños cubanos en un pueblo del centro de la Isla. Retrato de los Tigres es, ni más ni menos, la formación sentimental de estos jóvenes. Escrita desde un punto de vista coral, la historia narra una significativa parte de nuestra historia reciente: la escuela, las becas, las microbrigadas, la migración, el Servicio Militar, la prisión..., en una especie de revelador mosaico de una de las generaciones de cubanos que más cambios experimentaron luego del triunfo de la Revolución. Es este libro también el relato de Cuba, de una nación que ha vivido según sus ideales y sus demonios.

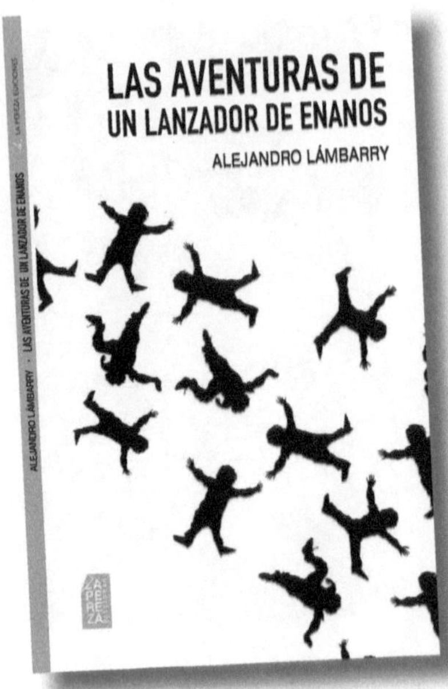

"Es un placer encontrarse con obras de la calidad de Las aventuras de un lanzador de enanos, la primera novela de Alejandro Lámbarry, un libro impecable, lúcido, inteligente, cargado de humor negro, ironía, sarcasmo, desparpajo, ternura, belleza, hondura. Una voz potente y juguetona que con maestría nos va metiendo y no nos suelta en la historia de Tomás Altarde, un mexicano todero que cansado de trabajar de guardia de seguridad en los Estados Unidos decide hacerse una nueva vida, soñando con ser importante y hacer historia algún día, sin pasársele por la cabeza que, luego de fracasos, ridículos, penas, bares, desventuras, entrenamientos, disciplina, iba a ser campeón mundial en Australia (tirando como una piedra a su pequeño amigo y compañero de equipo Aarón por los aires) en el deporte de lanzamiento de enano. Las aventuras de un lanzador de enanos es una novela redonda, un libro al que no le falta ni le sobra una palabra, una obra para disfrutar, para releer, para pensar un poco, una celebración a la buena literatura, una apuesta seria, genuina, graciosa y por momentos triste que refresca la literatura mexicana". David Betancourt

En palabras del escritor Sergio Ramírez, compilador de este libro que reúne a veinticinco narradores contemporáneos de Centroamérica, "en los cuentos de esta antología moderna, el lector encontrará un repaso de los fenómenos sociales e históricos desde el ámbito de las vidas privadas.

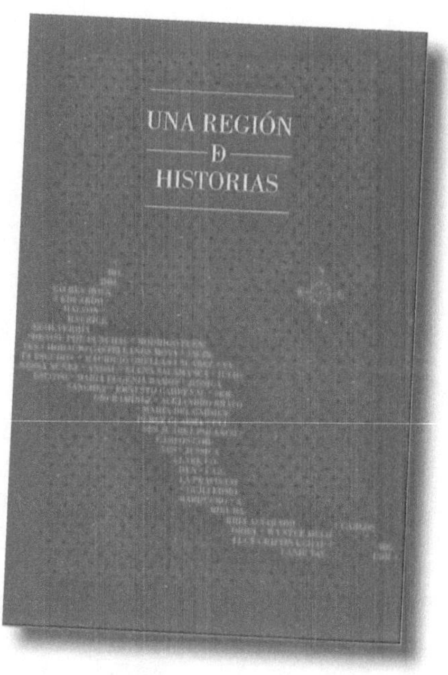

Leyéndolos así reunidos, podemos tener una experiencia de Centroamérica tal como la literatura nos la ofrece, vívida y atrayente, capaz de despertar siempre nuestro asombro y nuestro gozo. Una Centroamérica que vive en sus historias, y unas historias que prueban que si algo nos une es la imaginación".

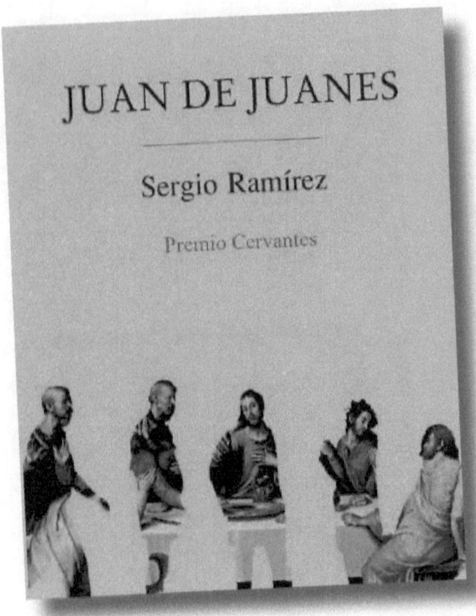

"Leer este libro, en el que estoy tan acompañado, es como volar con Sergio, formar parte de un milagro. Siempre creí que gastaba bromas cuando me llamaba Juan de Juanes. Después, cuando leí este libro, embobado, maravillado de su magia, comprobé que había convertido esa broma aparente en una magia como de Borges: todo lo que parece es, y a veces es también lo que deja de parecer. Leí este libro con el entusiasmo asustado: cómo de lo que para otros hubiera sido un celaje, un avistamiento, en Sergio Ramírez es una metáfora sobre la tierra, una luz. Cuando lean este libro entenderán hasta qué punto la palabra magia, como las palabras Borges o Cortázar, no son exageraciones ni adjetivos, es el sustantivo que mejor define el estilo aéreo, volátil y profundo como la piel, de Sergio Ramírez". Juan Cruz Ruiz

Detrás de esta selección de cuentos y sátiras de H. Zumbado (La Habana, 1932-2016) se encuentra un criterio casi exclusivamente editorial, un criterio seguro, que deleitará a los lectores a través de lo divertido y lo profundo, dos términos que en el caso de Zumbado,

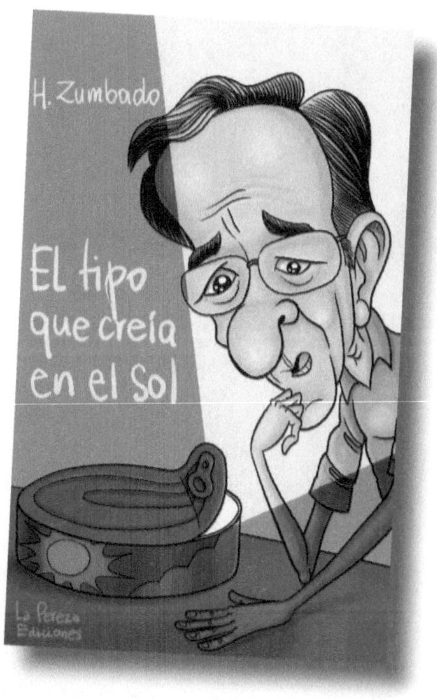

siempre van de la mano. Sus admiradores de siempre, volverán a encontrarse con cuentos tan queridos como "Amor a primer añejo" o "Imagínate tú", o con sátiras breves tan lúdicas y plenas de lucidez como "Chapucio", "Ausencio" o "Festivaldo". Los nuevos lectores, por su parte, descubrirán a un escritor único, que logró influir en no pocos cultivadores del género humorístico, y decidirán, al momento de comenzar la lectura, que este pequeño gran libro, no será lo último que leerán de Héctor Zumbado.

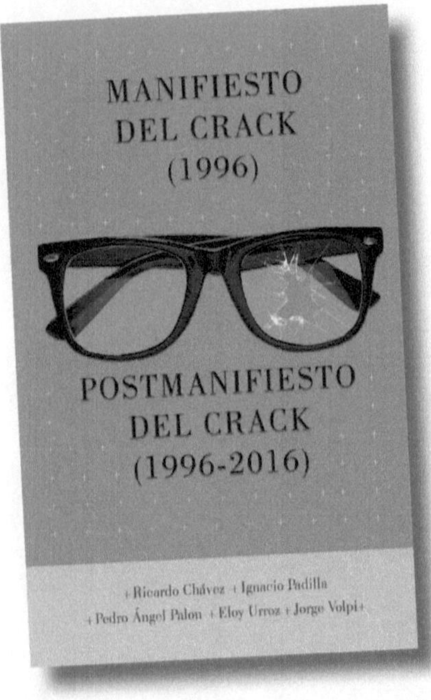

"Las redes sociales agitan la sociedad del espectáculo. La celebridad dura hoy dos horas. Los escritores abandonan sus plumas y sus computadoras y hacen stand-up comedy. Novelas profundas, polifónicas: el clamor principal del manifiesto. Contra la banalidad del nacionalismo y de las etiquetas. Al menos en este punto la lucha no ha variado". Jorge Volpi

Facundo Cabral se
decía un hombre
libre, un hombre que
abrazó la vida en
todas sus manifes-
taciones. Vivió en la
calle, comió de la
basura, padeció el
cáncer, fue amigo de
Jorge Luis Borges,
de la Madre Teresa,
viajó el mundo, y
su muerte física fue
tan contradictoria como

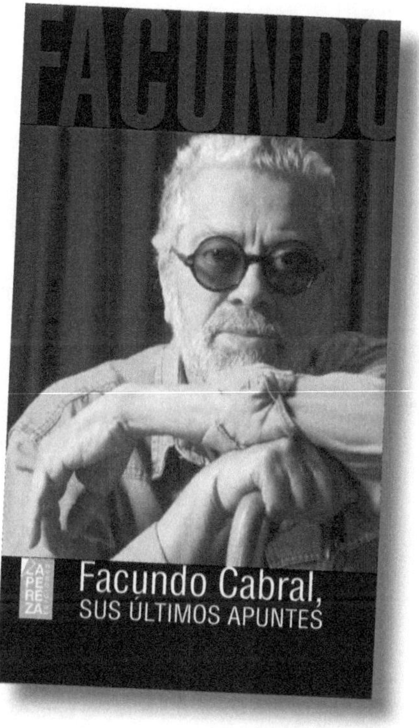

su misma vida. Este cuaderno que el lector tiene en sus manos
muestra las últimas anotaciones de Cabral, e incluye también
fotografías originales del cuaderno donde el gran trovador escribía
sobre sus experiencias, todas plenas de sabiduría. Facundo Cabral:
sus últimos apuntes puede considerarse una continuación o parte
también de Facundo Cabral: sus últimos correos. Y es sin dudas
una colección invaluable para los seguidores de la obra de este
gran hombre, quien es ya inmortal.

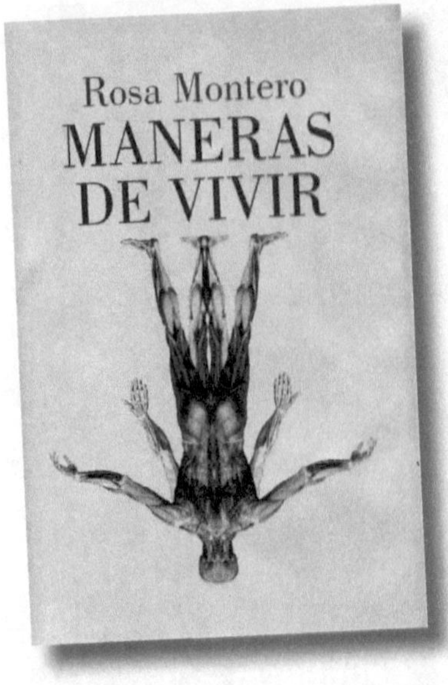

Este libro que ofrecemos al lector es una recopilación de artículos que Rosa Montero ha escrito regularmente para el periódico El País en los últimos años. Agrupados bajo el título Maneras de vivir, los textos son, más que nada, una recopilación de vida. Y es que todos los temas son abordados desde el punto de vista más humano. Otra de las grandes virtudes de Montero consiste en el hecho de que su literatura se puede disfrutar en repetidas ocasiones, pues siempre encontraremos en sus páginas una belleza nueva. "Maneras de vivir es", entonces, un libro de colección para los amantes de la obra de esta escritora imprescindible.

www.ingramcontent.com/pod-product-compliance
Lightning Source LLC
Chambersburg PA
CBHW032254070726

47590CB00016B/2801